Découvrez l'histoire par les archives de presse

RETRONEWS

Le site de presse de la BnF

www.retronews.fr

GAZETTE ANECDOTIQUE

Numéro 14. — 31 Juillet 1896

SOMMAIRE

La quinzaine. — Le dernier des de Goncourt vient de mourir ! Edmond de Goncourt, se trouvant en villégiature chez son ami, Alphonse Daudet, est mort subitement dans ses bras, le 16 juillet, à Champrosay, dans la propriété qu'y habite l'été l'auteur de *Fromont jeune et Risler aîné*. Né le 26 mai 1822, à Nancy, Edmond-Louis-Antoine Huot de Goncourt avait donc 74 ans.

C'était un écrivain unique en son genre ; original, souvent bizarre, mais dont les œuvres n'ont peut-être pas d'égales dans la littérature contemporaine, autant par la conscience de l'écrivain, que par la curiosité des détails, par leur singularité même, leur pittoresque et leur exactitude. Un des romans des frères de Goncourt, *Germinie Lacerteux*, mérite de leur survivre toujours. Edmond de Goncourt avait tiré de ce roman remarquable un drame puissant et touchant, que Mlle Réjane a joué avec un succès énorme à l'Odéon.

Le drame et le roman se valent, ce sont deux œuvres hors ligne. Je doute, qu'en dehors de cet ouvrage, tout à fait hors de pair, beaucoup des autres Œuvres des frères de Goncourt passent à une bien lointaine postérité.

Les deux frères étaient, en outre, par le goût, le tact, le choix des documents et des ouvrages, des artistes de premier ordre. Ils ont collectionné, dans leur petit hôtel de Passy, des curiosités artistiques remarquables, que le vent des enchères, hélas ! dispersera prochainement.

Edmond de Goncourt recevait ses amis, le dimanche, dans ce qu'il appelait « son grenier », c'est-à-dire le deuxième étage de son petit hôtel, transformé en une sorte de musée, où se pressaient surtout, avec une fidélité religieuse et rare, les amis dont voici les noms. Les journaux, et Edmond de Goncourt lui-même, ont dressé cette nomenclature :

Alphonse Daudet, Emile Zola, Huysmans, de Heredia, les deux Rosny, Octave Mirbeau, Maurice Barrès, Paul Hervieu, Paul Margueritte, Georges Rodenbach, Lucien Descaves, Jean Ajalbert, Jean Lorrain, Marcel Schwob, Henri de Régnier, Edouard Rod, Duret, Léon Hennique, Gustave Geffroy, Roger Marx, Frantz Jourdain, de Montesquiou, Léon Daudet, Paul Alexis, Arsène Alexandre, Paul Bonnetain, François de Nion, G. Toudouze, Georges Lecomte, Servière, Morel, Rodin, Carrière, Raffaelli, Chéret, Bracquemond, Pierre Gavarni.

Il paraît que le grenier des de Goncourt doit être transporté désormais chez Alphonse Daudet, qui demeure l'exécuteur testamentaire, à tous les points de vue, de l'écrivain regretté.

— Et à propos de la mort si subite d'Edmond de Goncourt, il semble qu'il ait eu, il y a longtemps déjà, le pressentiment qu'il ne mourrait pas chez lui. Témoin cette lettre par laquelle il répondait à la première invitation de M. Alphonse Daudet, récemment installé à Champrosay :

29 juin 1884.

Cher petit,

Votre lettre me rend malheureux comme les pierres. Elle est si gentille, si aimable, si tendre pour le « vieil homme », et je me sens si veule, si désespérément lâche à l'endroit d'un déplacement, de la couchée dans un lit qui n'est pas le mien ? Puis, au fait, avez-vous un édredon ? Concevez-vous que, par ce temps de chaleurs tropicales, j'ai froid aux pieds ? Oui, il y a dans mon individu de la température arctique, et mes veines charrient, je crois bien, des microbes d'ours blanc, et sauf, sous la neige de mes cheveux blancs, un peu de chaleur cérébrale, c'est tout ce qu'il y a en moi au-dessus de zéro, et cela m'enlève tout ressort, toute volonté pour la locomotion, pour le mouvement, *en même temps que j'ai toujours peur de me trouver malade chez les autres.*

Enfin, vrai de vrai, je me regarde comme un être tout à fait dégoûtant, ignoble, une épluchure d'homard, quoi ! de ne pas être chez vous après une lettre aussi caressante que celle que vous m'avez fait l'honneur de m'écrire, monsieur et ami.

Enfin je vais tâcher de m'exciter, de me monter, de m'entraîner par la lecture de quelque voyage autour du monde... Blague sous le bras, je vais tâcher d'aller estiver un peu chez vous... Mais faut, faut que je prenne mon élan !

J'ai envie d'embrasser et l'homme, et la femme, et les enfants.

Edmond de Goncourt.

— Mme Beecher-Stowe vient de mourir, à New-York, âgée de quatre-vingt-quatre ans. C'est la femme de lettres qui, sans contredit, obtint, depuis l'invention de l'imprimerie, le plus prodigieux succès de librairie que l'on connaisse. Après la Bible, *Don Quichotte* et *Robinson Crusoé* (cette énumération est une simple constatation commerciale), il n'est point de livre qui ait été plus vendu, plus lu, plus commenté, plus traduit en toutes les langues que l'œuvre maîtresse de notre Américaine : la *Case de l'Oncle Tom*. Il en est peu qui aient fait couler plus de larmes et même, disons-le, plus de sang. La *Case de l'Oncle Tom*, parue en 1852 à Boston, déchaîna, en effet, le mouvement antiesclavagiste qui devait se terminer, dix ans plus tard, par la guerre de sécession et mettre aux prises Nord et Sud.

C'est à Andover où son mari, master Calvin Stowe, occupait une chaire de littérature biblique, que Mme Harriett Beecher composa, d'après nature, son livre, éloquente protestation contre le sort des esclaves, mais en même temps véritable pamphlet politique, attaque audacieuse à la loi sur les esclaves fugitifs en Amérique. Une obscure revue abolitionniste de Washington, *The National Era*, lui donna d'abord l'hospitalité en feuilleton. Encore ne publia-t-elle que les derniers chapitres actuels, ceux qui racontent la mort de Tom. L'émotion fut telle à cette publication que l'auteur, sollicitée de toutes parts, fit paraître successivement et presque sans ordre, les différentes esquisses qui, réunies, devaient former la matière de deux volumes.

Au mois de novembre 1852, cette réimpression, éditée en juillet, avait atteint cent cinquante mille exemplaires. A la fin de la même année, on était au trois cent cinquième mille, et l'œuvre était déjà traduite en français, italien, suédois, danois, allemand, hollandais, polonais et magyar. Une édition anglaise, à Londres, se vendit, dans le même laps, à un million d'exemplaires.

Ces traductions amenèrent les plus étranges polémiques. La plupart des traducteurs suivirent mot à mot le texte du titre et de : *Uncle Tom's Cabin* firent : la *Case de l'Oncle Tom*. Mais aussitôt des puristes élevèrent la voix ; on devait à leur gré rendre *oncle* non point par *oncle*, mais par son équivalent : le *père* Tom ou, plus familièrement, le *bonhomme* Tom. Quant à sa case ou *cabin*, elle ne joue qu'un rôle secondaire dans l'ouvrage : ils proposaient de la supprimer. Cette querelle de « grosboutiens » trouva immédiatement des « petitsboutiens » qui prirent fait et cause pour l'oncle et pour sa case menacés, sur le ton le plus aigre et le plus sérieux. *Oncle* fut vainqueur définitivement en France, le jour (janvier 1853) où le théâtre, par la plume de MM. Dumanoir et Dennery, s'empara du personnage et le mit en pièce — au singulier.

— Les journaux, nous dit notre aimable confrère Pierre Giffard, ont enregistré sans bruit, ces jours-ci, la mort d'un acteur qui méritait pourtant mieux que deux lignes banales, car il a fait rire bien du monde.

Si je dis à nos lecteurs qu'il s'agit de Calvin, du Palais-Royal, un petit nombre d'entre eux seulement saura de qui je veux parler. Si je le désigne ainsi : celui qui, depuis vingt ans, — depuis la retraite de Brasseur, — faisait le paysan dans l'immortelle comédie de la *Cagnotte*, oh! alors beaucoup de visages s'épanouiront.

Les cent mille spectateurs qui ont vu depuis vingt ans Calvin mener la maîtresse farce de Labiche accorderont un sourire et un souvenir au vieil acteur qui vient de nous quitter, emportant avec lui, peut-être, le secret d'un art beaucoup plus difficile qu'on ne croit, et qui consiste à bien faire le paysan au théâtre.

En tous cas, je ne vois à Paris personne qui puisse aujourd'hui le remplacer.

C'est que le paysan de la *Cagnotte*, le père Colladan, n'est pas quelconque. Sa silhouette en forme de caricature recèle un tas de trouvailles sensées, où la logique s'allie toujours à l'esprit. Ce Labiche était le digne héritier de Molière, et la *Cagnotte* vaut, à mon humble avis, la meilleure des bouffonneries du grand classique.

Calvin, qui n'a jamais été au premier rang dans les autres pièces, — et pourtant, il en a joué des douzaines au cours de sa longue carrière, — était entré à miracle dans la peau du paysan de la *Cagnotte*. Tel Paulin Ménier dans celle de Chopard, du *Courrier de Lyon*.

Lorsque Brasseur, qui avait un grand succès dans le rôle, devint directeur de théâtre pour son compte, le Palais-Royal eut quelque peine à lui trouver un successeur dans le rôle écrasant d'une pièce-type qu'on reprend deux ou trois fois l'an pendant quelques soirées, et avec laquelle on est à peu près sûr de faire salle comble.

Brasseur était un Colladan étourdissant de naturel. Il se grimait comme personne. La partie était dure à jouer pour son successeur. Calvin y réussit au point que beaucoup de vieux admirateurs de Brasseur vinrent le voir, l'applaudir, et le proclamer digne de son modèle. Trovera-t-on à présent un troisième Colladan digne des deux premiers ? Ce sera bien difficile.

Calvin avait une façon à lui de jouer le rôle.

Il y était à la fois pensif et hurluberlu, ce qui provoquait le fou-rire avant qu'il n'ouvrît la bouche, dès les premières scènes de l'ouvrage. Sa fantaisie était inénarrable, son parler irréprochable, son accoutrement parfait. Il avait la note juste. C'était le vieux finaud de village tout craché.

C'est pourquoi j'ai tenu à dire ce mot d'adieu à un homme qui nous a fait tant rire. Je ne le connaissais pas, je ne l'ai jamais vu ailleurs que sur la scène, et ce tribut que je lui paye ici en toute sincérité, au milieu de la parfaite indifférence de nos confrères, me paraît absolument dû.

Les hommes qui amusent la foule ont droit au salut d'adieu, d'autant plus qu'il y a encore une pointe d'égoïsme dans cette politesse funèbre. Nous nous prenons à regretter de ne plus les avoir sous la main pour nous faire rire. Il en viendra d'autres, c'est entendu. Mais enfin ceux-là sont partis.

— Nous avons en ce moment, à Paris, l'extraordinaire visite d'un ambassadeur de la Chine, le célèbre vice-roi du Petchili, Li-Hung-Tchang. Un des rédacteurs du *Figaro* a tracé, de ce haut personnage, — haut de toutes les façons, car il a une taille immense — un portrait auquel nous empruntons le passage suivant :

« Une taille de deux mètres de haut, qui commence à se tasser sous le poids de soixante-quatorze années ; un cerveau dont la puissance se révèle par les vigoureuses protubérances d'un crâne complètement rasé, suivant la coutume de l'Extrême-Orient ; des yeux pénétrants, qui brillent d'un éclat inégal depuis que la paupière gauche a perdu sa mobilité ; une bouche dont les contours énergiques sont adoucis par des moustaches grises dont les extrémités, retombant en fer à cheval, vont rejoindre une barbiche longue et clairsemée ; une expression de dignité et d'autorité que seule peut donner au visage d'un homme une longue habitude du pouvoir : tout dans l'aspect de Li-Hung-Tchang annonce un de ces grands vieillards qui résistent aux atteintes de l'âge et de la maladie et continuent d'occuper une place prépondérante dans les affaires de leur pays.

« Le vice-roi du Petchili est un Chinois de race pure. Pas une goutte de sang tartare ne coule dans ses veines. On chercherait en vain dans les traits de son visage rien qui, de près ou de loin, rappelle les pommettes proéminentes et les yeux en amande qui sont un indice certain d'un croisement avec les Mandchous. On ne se doute pas, en général, en Europe à quel point c'est une cause de défaveur pour un haut fonctionnaire du Céleste-Empire que d'être un vrai Chinois exempt de tout mélange. Si, malgré les éclatants services qu'il a rendus à la Cour de Pékin, dans la bonne et surtout dans la mauvaise fortune, le vainqueur de Taï-Pings est toujours resté un peu suspect au Fils du Ciel, c'est qu'à raison de son origine, ses ennemis l'accusaient, fort injustement du reste, de ne pas éprouver au fond du cœur un attachement sans réserves pour la dynastie tartare des Tsing, c'est-à-dire des *Purs*. On sait avec quelle facilité les édits impériaux lui ont donné et retiré tour à tour la fameuse veste jaune, la plus enviée des récompenses qui puissent tenter l'ambition d'un mandarin du Céleste-Empire. Suivant les idées universellement répandues dans l'entourage immédiat du souverain, la veste jaune est une veste dynastique destinée, à l'origine, à récompenser les services rendus aux Tsing contre les partisans de la famille déchue et, par conséquent, devrait être réservée à de hauts dignitaires mandchous dont la fidélité est à l'abri de tout soupçon... »

— L'un des deux frères Lionnet, Anatole, vient de mourir à Paris, et le cadet, agonisant en ce moment, ou à peu près, va bientôt mourir à son tour. Comment, en effet, ces deux frères siamois de la romance d'autrefois pourraient-ils être bien longtemps séparés ? Ils étaient jumeaux, se ressemblaient de corps, d'esprit et de talent ; l'un d'eux est mort, l'autre doit le suivre !

Pauvres chers frères Lionnet ! Quels vieux, charmants et artistiques souvenirs ils nous rappellent ! Les romances, qu'ils chantaient tous les deux, il y a trente, et même quarante ans, paraîtraient bien démodées aujourd'hui. Mais le nom sympathique de ces deux artistes, si pleins de cœur, de dévouement, de désintéressement, leur survivra toujours. Il n'y a pas de plus belle épitaphe à écrire sur leur tombeau, où une mort prochaine menace, hélas ! le frère encore vivant, et inconsolable, de rejoindre bientôt le frère à jamais disparu !...

G. D'H.

Testament d'E. de Goncourt. — Il faut citer ce testament, dont la lecture n'a pas duré moins de trois quarts d'heure, pour les intéressantes parties littéraires et artistiques qu'il contient. La création de la fameuse académie des de Goncourt, dont nous avons jadis parlé longuement ici même, s'y trouve posée de la manière pratique qui peut assurer son existence. La question est maintenant de savoir si la vente des nombreux objets d'art, des livres, et de la maison appartenant à M. de Goncourt, produira une somme suffisante pour remplir, au sujet du fonctionnement de cette académie, toutes les conditions décidées par son créateur.

C'est le 18 juillet que M. Duplan, notaire, a lu, à Champrosay, à MM. Alphonse Daudet et Léon Hennique, légataires universels et exécuteurs testamentaires, le testament d'Edmond de Goncourt.

Celui-ci prie les membres de sa famille de respecter ses intentions suprêmes. S'il ne leur laisse rien de sa fortune, c'est que, depuis longtemps, ils se trouvent à l'abri du besoin. C'est dans ces sentiments qu'il institue MM. Alphonse Daudet et Léon Hennique ses

légataires universels et exécuteurs testamentaires et qu'il charge MM. Roger Marx et
Delzant de rédiger le catalogue de ses collections et de diriger, avec MM. Dumont et Fé-
ral, experts, la liquidation matérielle de sa
succession. Six ventes seront faites : 1° les
livres; 2° les japonaiseries; 3° les tableaux,
dessins et estampes; 4° les meubles; 5° les
objets d'art; 6° la maison d'Auteuil.

Sur les sommes provenant de ces ventes, seront prélevés un certain nombre de legs, no-
tamment une somme de 5,000 francs pour
Mlle Edmée Daudet, sa filleule, afin de com-
pléter le collier, dont, au premier janvier de
chaque année, il lui offrait une perle, et une
autre somme de 1,500 francs à Mlle Jeanne
Charpentier, également sa filleule, « pour
s'acheter un chiffon de dentelles, le jour de
son mariage ».

A Mme Alphonse Daudet, il lègue une cigo-
gne en bronze placée dans le jardin d'Auteuil,
au bord d'une pelouse, et un bas-relief de Clo-
dion; à la princesse Mathilde, la *Vénus*, de
Falconnet; à quelques amis, des bibelots di-
vers; enfin, à sa vieille et dévouée servante
Pélagie, une rente annuelle de 1200 fr., afin

que ses vieux jours soient à l'abri du besoin.

Edmond de Goncourt s'occupe ensuite de « l'académie » que, fidèle à la promesse donnée à son frère, il crée afin de soutenir un art indépendant en aidant des jeunes gens de talent à se maintenir dans la dignité des lettres. Les hommes politiques, les grands seigneurs, les poètes et les fonctionnaires seront exclus de cette académie qui se composera de dix membres remplaçables par extinction à la majorité des membres survivants. Celui des titulaires qui deviendrait membre de l'Académie française serait par ce seul fait démissionnaire.

Huit membres sur dix sont désignés par le testament. Ce sont MM. Alphonse Daudet, Huysmans, Mirbeau, Rosny aîné, Rosny jeune, Hennique, P. Margueritte, G. Geffroy.

Sur le produit total de la somme réalisée par les six ventes indiquées, M. Edmond de Goncourt affecte, par rente annuelle et viagère, une somme de 6,000 fr., soit 60,000 fr. par an.

Chaque année les titulaires de son académie attribueront un prix de 5,000 fr.; également prélevé sur la succession, à l'auteur du meil-

leur roman, du meilleur livre d'histoire, d'esthétique, d'érudition, ou même à la meilleure
réunion de nouvelles. Il espère « si l'on tient
« à faire plaisir à la mémoire de son frère et
« à la sienne », que ce prix s'appellera le
« prix de Goncourt ».

Enfin, M. Edmond de Goncourt recommande à sa vieille servante Pélagie de porter
chez M° Duplan le manuscrit complet du
Journal des Goncourt. M° Duplan devra
le remettre à la Bibliothèque nationale où,
pendant vingt ans, ce journal attendra son
édition intégrale et définitive. Si la Bibliothèque
nationale ne pouvait accepter le dépôt de ce
manuscrit, il compte sur son ami Alphonse
Daudet pour le placer « en un lieu honorable
et sûr ».

MIRAGE ! — Nous empruntons au journal
de voyage d'une jeune fille le passage suivant,
tout à fait inédit. La scène se passe en Bretagne.

« ... Nous revenons par la même plage de
Pescorn, en côtoyant le bord de la mer,
si près que les vagues viennent nous baiser
les pieds. Le même soleil éclatant jette ses

éblouissants rayons… Voici la fantaisie.— Oh! très fantaisie! — que m'inspire le poétique tableau :

Mirage

La mer est là, étincelante sous les rayons du soleil glorieux; elle offre à la vue une quantité de pierreries éblouissantes: le saphir, l'émeraude, les rubis s'entremêlent, et une jeune Ondine, au corps souple et blanc, aux longs cheveux dénoués, aux yeux vagues et clairs les regarde, étendue sur le sable d'or. Elle se met à chanter. Aussitôt un Triton sort des eaux et montre sa tête courte au-dessus des flots.

Alors l'Ondine, d'une voix harmonieuse et douce :

— Apporte-moi, dit-elle, les pierreries qui dansent sur les vagues, les émeraudes, les saphirs… toutes je les veux, toutes pour orner mes cheveux. Je suis lasse des algues et des goémons. Combien plus jolies sont ces pierres étincelantes!…

Et le Triton répondit :

— Ce que tu vois sur la grande mer, o Sirène aimée, n'appartient pas à notre domaine, mais à l'astre radieux et éblouissant d'en haut.

L'Ondine leva ses yeux clairs vers le firmament, et les baissa aussitôt avec effroi sur le sable de la grève.

— Quel est donc ce Dieu puissant qu'on ne peut regarder en face ? s'écria-t-elle. O Seigneur astre ! qui donc es-tu ?

Elle s'arrête tout à coup saisie et tremblante : l'astre a disparu, les pierreries ne brillent plus sur les ondes, et le Triton, avec un sourire, dit à la Sirène :

— Ainsi tout passe en ce monde, les richesses comme toutes choses. Crois-moi, Sirène aimée, reviens vers nous et contente-toi des algues et des goémons, que tu dédaignais tout à l'heure ; ils te siéent mieux que l'émeraude et le saphir.

Et les flots sombres et courroucés baisaient furieusement les pieds blancs de la pauvre Ondine déçue. Ils semblaient mécontents de sa préférence pour l'astre d'en haut, elle qui appartenait au gouffre sans fond, au gouffre amer des pleurs humains....

Alors, elle vit que sur terre tout est trompeur. Étirant lentement son corps souple, elle plongea dans la grande « mé », disparaissant soudain, et laissant au-dessus d'elle comme un vague reflet de l'astre adoré.

ÉLIANE.....

Assassin poète. — Un fou, nommé François, a tiré, le 14 juillet, sur le Président de la République, un coup de pistolet à blanc, à la fois inoffensif et ridicule. On a emprisonné le sieur François, qui avait déjà fait, il y a quelques semaines, un bruyant scandale à la Chambre, et nous supposons que, finalement, on l'enfermera dans une maison de santé.

Ce François était piqueur et faisait des vers grotesques. Ce n'est point parce qu'il était piqueur, mais mauvais poète. Il ne faisait pas bon de le lui dire. Ses œuvres complètes offrent la trace de ses rancunes contre des censeurs trop sévères. François, pour le style, était au-dessous d'Orgon, et il n'aimait pas la franchise d'Alceste.

Au Luxembourg, il avait remarqué des lions dont la nudité le choquait. Il demandait pour eux des feuilles de vigne :

> Au Luxembourg, dans vos bosquets,
> Qu'en dites-vous, lions muets?
> Peut-on vous fermer le derrière?
> Mais oui, pourtant ils sont en pierre.

Un étudiant, qui ne comprit pas cette épigramme, n'en apprécia pas toute l'exquise saveur. François, décidément très irritable, se fâcha.

Poète qui te plais, aiguisant l'épigramme,
De cacher dans tes vers la grossière trame,
Du mot trop cru parfois, connais quel est ton sort,
Un sot vient par derrière et sans crier te mord.

Ce fut surtout contre Séverine et Rochefort, confondus dans sa même haine satirique, qu'il s'exerça. Au moins, avec François, il n'y a pas de jaloux. Cette poésie, qui est intitulée : le *Prochain mariage de Ragefort et de La tzarine*, est dans la forme dialoguée. Les deux adversaires du tournoi qu'on n'a pas oublié, échangent des aménités. Rochefort dit :

Il existe une violette
Qui se dérobe sous l'herbette
Point du tout sotte en vérité.
Elle tient comptabilité
De l'argent que chacun lui donne,
C'est pour cela qu'on la dit bonne.

A quoi Séverine répond :

Il existe un grand pamphlétaire,
Aux allures de mousquetaire,

> Que ses écrits pleins de talent
> Ont fait un seigneur opulent.
> Je vous dis entre parenthèses
> Qu'il a voiture et bonne anglaises.

La querelle roule sur le buste de l'écrivain et la tenue du carnet, elle se poursuit, panachée d'invectives, telle la dispute de Mme Angot.

> — Écoute donc un tantinet,
> Veux-tu deux sous pour ton carnet!
> — Ohé! là-bas, dis donc, Auguste,
> Je n'ai qu'un sou ; combien ton buste?

Ce n'est pas à le juger sur cette poésie que les médecins lui trouveront un esprit des plus solides. C'est pauvre de cœur et d'accent, mais il y a là plus de salive que de fiel : ce n'est pas un méchant, c'est un détraqué, qui souffre sans cesse dans son sot orgueil.

Allons, mes vers, volez, montez vers le tonnerre.

Il aime ses vers et les admire avec une tendresse naïve. Il les a fait éditer à ses frais. Son premier soin c'est de tirer une traite sur la postérité. L'avenir le pourra lire. Il pourra lire les *Comédies du jour* : il en a porté un exemplaire lui-même à la Bibliothèque nationale. Il en revient ivre de vanité, plein d'une estime profonde pour le bibliothécaire qui classera son chef-d'œuvre.

Les siècles futurs, pour les glorieuses anthologies, n'auront qu'à réclamer le livre de François qui flagelle en riant

> ..... Bienheureux
> Si quelque jour ton cœur éclate dans ton rire.

serrant de près l'actualité. Il raconte les *Incidents du Père-Lachaise*, le *Flair d'artilleur*, les *Lois scélérates*, le *Duel Rochefort-Drumont*, la *grève de Carmaux*.

Cette grève lui inspire un poème taillé sur les modèles les plus classiques. Méconnaissant le précepte du *Chat noir* : « Passant, sois moderne », il fait se jouer la scène à Pompéï.

> Je t'implore, Phébus ! Et toi, coursier docile,
> Viens, accours, à la voix d'un poète inhabile.

Mais Pégase est rétif, car le poète ne fait pas dans le reste preuve d'habileté. Ce sont d'obscurs alexandrins, péniblement chevillés, où, cependant parfois, se rencontre une idée moins médiocre :

> Dans vos longs chalumeaux, ô verriers trop crédules,
> A pleins poumons soufflez vos beaux rêves en bulles,

François dépeint le sommeil plein de mollesse du Capital, dérangé par les verriers qui lui réclament une augmentation, et que ne peut tolérer un ministre, habitué de l'Opéra. Ce qui nous conduit dans les coulisses de la danse et nous vaut une lascive peinture de la danseuse, qu'il nomme une « enfant vaporeuse ».

Qui dira tes contours et les parfums troublants
Que dégagent tes seins, ta gorge et tes bras blancs,
Et ton mollet fripon et ta cheville fine,
Les dentelles, prisons où flottent en nuage
Les plus secrets appâts des genoux au corsage.

Cette note est rare. La satire politique ne permet que rarement de telles excursions vers la poésie légère. Il affectionne la satire plus austère; comme dans les *Grands Chefs*, une tragédie de famille qui comporte une satire contre la guerre. Il est d'esprit pacifique, François, et non sans raison, au reste; l'expédition de Madagascar l'exaspère, au point qu'il a écrit un poème ennuyeux et troublé, les *Requins de la mer Rouge*.

La littérature ne nourrit pas son homme, et François ne mangeait point pour nourrir la sienne. Il la lança de ses propres deniers. Le résultat fut piteux. Il l'avoue avec sincérité dans la préface de ses *Comédies*. Il y raille son insuccès, et fait bonne contenance devant l'indifférence de la foule.

MARIE-ANTOINETTE ET SON TEMPS. — La noblesse du travail vaut la noblesse de race, cela est incontestable en démocratie et vient d'être démontré sur un théâtre qui, pour être situé dans un quartier reculé, n'en est pas moins dans le mouvement. Pourtant, les vieilles familles ont cet avantage qu'elles possèdent ordinairement d'intéressants monuments d'art et de précieuses reliques. Une exposition consacrée à la mémoire de Marie-Antoinette, qui s'ouvre aujourd'hui dans la belle galerie Sedelmeyer, n'aurait pas été possible sans les duchesses de la Rochefoucauld-Doudeauville et d'Uzès, sans le duc de Mortemart, le comte de Ganay, le comte des Cars, le comte de Laborde, etc., qui ont obligeamment prêté leurs richesses. On ne peut les nommer tous, ces prêteurs gracieux; il faut en passer.

On n'a pas besoin d'insister sur le caractère suggestif de cette exhibition. Tout se réunit pour le bien marquer. On arrive à la galerie Sedelmeyer par un superbe jardin tout rempli des senteurs fraîches de la saison nouvelle.

C'est encore le printemps qu'on respire en pénétrant dans la galerie : la plupart des objets qui frappent d'abord les yeux se rapportent à la jeunesse de la reine et aux premières années du règne. Après la décrépitude de l'aïeul, les vingt ans du petit-fils; après le vieux roi libertin, un prince vertueux; cela aussi, c'était un renouveau. La France avait le droit d'espérer en une politique vigoureuse et neuve, et certes il y en eut bien quelques essais dont l'histoire doit tenir compte. Mais on connaît la fin, elle ne se fit guère attendre.

Voilà l'image partout répétée de la charmante reine, car elle fut de celles dont on dit : « Mieux que jolie ». L'empereur d'Autriche a consenti à prêter un des portraits de cette grand'tante tragique à quinze ans. Elle est assise à son clavecin. A l'empereur appartient également un portrait de Louis XVI, alors dauphin, envoyé à Marie-Thérèse d'Autriche par M. de Choiseul, au moment où il négociait le mariage.

L'archiduchesse Marie-Antoinette devient chez nous Madame la dauphine; elle a conservé l'esprit familial de la maison de Lorraine; mais elle y ajoute le goût des élégances qui lui est personnel et qu'elle porte en tout. Voilà, sous une vitrine, un jeu mignon de dominos en émail; les chiffres sont des petites perles, la boîte qui contient le précieux joujou est d'or émaillé. Ces menus objets, fins et riches, pouvaient bien charmer la jeune princesse; elle aima les bibelots coquets, les tasses de Sèvres ou de Saxe, les figurines de biscuit, les bronzes et les marbres; elle eut des collections de boîtes, de montres, etc. Elle-même travaillait en miniature et l'on peut voir les boutons qu'elle peignit pour M. de la Rochefoucauld, qui dut en décorer un habit pour faire honneur au don royal. Toutes ces merveilles intimes seront décrites dans le savant catalogue que dresse M. Germain Bapst, le plus curieux des érudits et le plus érudit des curieux.

Les portraits de la reine abondent. Auprès d'eux se placent ceux de ses deux favorites, mesdames de Lamballe et de Polignac; celui du fidèle allié qu'elle ne put ramener au pouvoir quand elle devint reine, M. de Choiseul; ceux de ses ennemies sournoises, Mesdames filles du roi Louis XV, ses tantes; celui de l'ennemie déclarée quand elle était dauphine, la Du Barry.

Mais elle est reine. Trois admirables dessins de Moreau le jeune représentent les fêtes données à Paris à l'occasion de la naissance du dauphin, en 1782, *le 21 janvier*. Retenez bien cette date. La Ville de Paris alors gâtait la reine ; elle lui offrit un coûteux automate qui la représente encore assise au clavecin. L'Autrichienne avait fait son devoir en donnant un héritier à la couronne de France. Elle était bonne mère, elle voulut le portrait de ses enfants : Houdon fit le buste de Madame Royale.

Les portraits de Louis XVI ne sont pas ici moins nombreux ; il y en a trois de Madame Elisabeth. Et combien d'autres, parmi lesquels on ne reconnaît pas toujours des personnages ayant figuré à la cour ou dans les affaires du règne. Le programme de cette exposition n'en est pas faussé, car il dit : « Marie-Antoinette et son temps ». C'est à ce titre sans doute que nous rencontrons les bustes de Voltaire, Diderot et Beaumarchais ; d'autres qui se rapportent même à une époque antérieure, par exemple celui d'Adrienne Lecouvreur ; d'autres encore qui portent la marque du temps et dont on ne connaît point les modèles, un buste délicieux de fillette ; plusieurs belles toilettes de Nattier.

Les meubles rares se voient partout dans la galerie ; beaucoup ont été à l'usage de la reine ; quelques-uns ont eu des destinées inattendues, et, du garde-meuble, ont été portés dans les salons des ministères qu'il n'est peut-être pas bien nécessaire de décorer si galamment. L'État a envoyé d'exquises consoles placées ordinairement au ministère de l'intérieur ; il a également prêté des tapisseries de grand prix.

On traverse ainsi la longue galerie jusqu'à la rotonde qui en forme le fond. Ici les yeux tombent sur un autre portrait de Marie-Antoinette dans sa prison. Ce dessin est connu, il la présente vieillie, les traits émaciés. Auprès de cette image dramatique, on aurait pu faire reposer le livre qu'elle lisait le 16 octobre 1793, à cinq heures du matin, en marge duquel sa main écrivit : « Mon Dieu, ayez pitié de moi ! »

Et encore le soulier de satin noir, tout déchiré qu'elle perdit en montant à l'échafaud, que possède et qu'a envoyé M. Philippe Gilles.

Cette promenade, commencée à travers les brillants et joyeux souvenirs, conduit ainsi le visiteur au dernier acte de la tragédie. Voici des cheveux de Louis XVI, un mouchoir de dentelles qui fut à Madame Élisabeth, un petit jeu de quilles ayant appartenu au Dauphin.

Le Conservatoire des arts et métiers a prêté la célèbre horloge qui fut exécutée au moment du mariage de l'archiduchesse d'Autriche et du dauphin de France. C'est une pièce magnifique ; elle fut très chère à Louis XVI qui avait le goût de la fine horlogerie plus que de la bonne et ferme politique. On y voit la France en manteau fleurdelysé. Encore vingt ans et le roi des fleurs de lys allait, un jour, être obligé de se laisser coiffer du bonnet rouge.

MADEMOISELLE DESBORDES. — Le nom, si longtemps acclamé, de Mme Desbordes-Valmore, laissé dans l'oubli pendant quarante ans, puis remis en honneur en ces dernières semaines, va courir sur toutes les lèvres à l'occasion de l'inauguration du monument qu'on vient de lui élever à Douai, sa ville natale.

Les Encyclopédies et les Dictionnaires biographiques racontent que les premières poésies de Mme Desbordes-Valmore parurent dans le *Chansonnier des Grâces* de 1815, 1816 et années suivantes. Messieurs les biographes se sont sans doute copiés ou n'ont pas bien cherché, car s'ils avaient feuilleté avec soin la collection du *Chansonnier des Grâces*, ils n'auraient rien trouvé, il est vrai, en 1814, mais ils auraient découvert, dans le *Chansonnier* de 1813, une petite pièce de vers signée simplement — et c'est peut-être leur excuse — Mlle Marceline D...

Marceline Desbordes ! C'est bien son nom ! Ou plutôt c'était son nom avant son mariage avec M. Lanchantin, dit Valmore, qui eut lieu en 1817. Mais c'était son premier pas dans une voie nouvelle, après ses « peines de cœur » qui l'empêchaient de chanter, car « sa voix la faisait pleurer », a-t-elle raconté plus tard (elle était entrée au théâtre de l'Opéra-Comique, sur la recommandation de Grétry). On s'explique que, pour ce premier essai, elle ait signé de son seul prénom. Deux ans plus tard, en 1815, elle signera quatre romances de son nom de famille : Mlle Desbordes.

Ce début de la jeune muse (elle avait alors vingt-sept ans) est une romance anodine intitulée : *Je vous écris*. Nous avons pensé être agréable aux lecteurs en publiant ici ce premier bégaiement de la femme poète :

JE VOUS ÉCRIS

Je vous écris, à l'ombre du mystère,
Puisque s'écrire est se parler tout bas ;
Mais, je l'avoue, en ce lieu solitaire,
Tout est tranquille et mon cœur ne l'est pas.
Je vous écris.

Je vous écris. Quand l'âme est oppressée,
Le temps s'arrête, il n'a plus d'avenir ;
Ah ! loin de vous, je n'ai qu'une pensée,
Et le bonheur n'est plus qu'un souvenir.
Je vous écris.

Je vous écris. M'aimeriez-vous encore ?
Si votre cœur n'est plus tel qu'autrefois,
Faites, du moins, faites que je l'ignore ;
S'il est constant, dites-le, je le crois.
Je vous écris.

Imprimerie de la *Gazette anecdotique*